AF310658

# PREDICTIONS

## GENERALES

### ET·PARTICULIERES

POUR L'ANNÉE

M. DCC. XLI.

ET AUTRES.

A PARIS,

Chez TEL, à la Sibylle.

M. DCC. XLI.

# PREDICTIONS

## GENERALES

### ET·PARTICULIERES

#### POUR L'ANNÉE

#### M. DCC. XLI.

#### ET. AUTRES.

A PARIS,

Chez TELL, à la Sibylle.

M. DCC. XLI.

*Ede, bibe, lude.*
*Cum te mortalem noris, præsentibus*
*exple*
*Deliciis animum, poſt mortem nulla*
*voluptas.*

L'aveugle prejugé par des cris im-
 puiſſans,
Reclame vainement un droit imagi-
  naire
  Contre l'impreſſion des ſens:
Je compte pour perdu tout bonheur
 qu'on differe;
  Joüiſſons des plaiſirs preſens,
  L'avenir n'eſt qu'une chimere.

# SONGE.

QUelque mal que la plûpart des Auteurs difent ordinairement des Prefaces, il eft rare cependant de les voir réfifter à la démangeaifon d'en régaler le Lecteur, pour fe concilier fa bienveillance, foit en affectant pour fes décifions une foumiffion aveugle ( bien entendu cependant que fes décifions ne mortifieront pas l'amour propre ; car c'eft là le retentum fecret ) foit en répondant d'avance à toutes les critiques, démontrant invinciblement qu'on ne pouvoit faire mieux. Tout aidroit pour mettre les gens dans la néceffité d'approuver, quelque répugnance qu'ils en ayent.

Il arrive cependant quelque fois que ce fecret, tout bien imaginé qu'il eft, ne fait pas fon effet.

auſſi heureuſement qu'on ſe l'étoit promis , & toute la bonne opinion qu'un Auteur a fait concevoir de lui dans ſa Préface échoue à la lecture des premieres pages. Combien de Livres inconnus vont traîner une obſcure deſtinée dans le réduit poudreux de quelques Biblioteques , qui devroient être lûs & cheris , ſi l'on eût voulu s'en rapporter aux diſcours liminaires , dans leſquels l'Ecrivain raiſonne , à fond ſur l'art qui fait l'objet de ſon ouvrage , en explique toutes les regles , leve tous les doutes qui pourroient naître ſur quelques loix que les anciens Maîtres n'ont pas déterminées aſſez clairement. Il cite , il commente , il diſſeque pour ainſi dire l'eſprit de ces loix, remonte juſqu'à la nature par qui & pour qui elles ont été faite s.

A l'entendre , ſon Livre eſt un Ouvrage exquis

digne d'être admiré chez la der-
    niere race,
  Et de la peine qu'il a pris,
  Le Public doit lui rendre grace.
Ce Livre cependant redouté des
    Lecteurs,
  Meurt tout entier ; & l'Auteur se
    récrie :
  Ah l'injustice, ô tems, ô mœurs !
  Contre le siecle qui l'oublie.
  Et pourquoi cela ? dira-t-on.
  Moi Lecteur, voici ma raison.
  Monsieur l'Auteur, votre faconde
  Est sublime, exquise, profonde,
  Cependant vous m'avez déplû.
Et pour justifier le dégoût qui me
    tuë.
Je n'employerai pas l'ennuyeuse
    étenduë
  D'un raisonnement superflu.
  Malgré l'exacte simetrie,
Qui regne en vos Ecrits alignés au
    cordeau,
  Sçavez-vous pourquoi je m'en-
    nuyé ?
C'est que, quoique tout en soit
    beau,

Il y manque un seul point qui gâte
le myſtere ;
Et quel eſt ce point ? C'eſt de
plaire.

C'eſt la premiere de toutes les
regles, les autres n'ont été inven-
tées que pour remplir cette premiere obligation, & toutes les
Prefaces du monde ne ſçauroient
y ſupléer. Je ne veux pas cependant conclure de là qu'on doive
les obmettre comme inutiles ; c'eſt
un hommage que l'on doit au Public. Et quoiqu'Aſtrologue & De-
vin, je ne pretends pas que ma
qualité m'en diſpenſe. Je vais
donc en deux mots, ô Lecteur.
aſſez déſeuvré pour me lire : ( car
je penſe qu'il faut pour cela du
loiſir de reſte ) Je vais dis-je en
deux mots, peut-être plus : ( car
lorſqu'une fois un demon babil-
lard a ſaiſi mes eſprits, je che-
mine au hazard & m'arrête où je.
puis ) vous rendre un compte
fidele de mon deſſein & des raiſons
qui m'y ont engagé.

Ces prediƈtions doivent leur naiſſance à un rêve. Cela ne doit point ſurprendre. De plus grands hommes que moi ont rêvés. Et qui ne rêve pas ? Pour moi, le ſonge eſt mon talent favori. Le ſommeil, dépoſitaire des plus précieux inſtans de ma vie, eſt le Dieu propice qui m'inſpire & m'éclaire ; auſſi pour obtenir ſes faveurs, j'ai grand ſoin d'être toujours fourni de ces Romans chevillés de réflexions ſans-fin, dans leſquelles le Leƈteur ſubmergé, pour ainſi dire, ſuit à la nage le mervéilleux Ecrivain, qui dans des flots de morale filtre inſenſiblement un Conte de ma mere lóye juſqu'au ſept & huitiéme volume, en laiſſant toujours le Leƈteur alteré de concluſion. De ces Comédies où le Poëte érigé en Predicateur place à tous propos ſentences, portraits, maximes, tendre métaphyſique agencéeen Dialogue, nouveautés brillantes ſubſtituées à la place de l'aƈtion regardée

comme inutile pour émouvoir, &
du veritable comique banni comme
indécent. De ces tragédies dans les-
quelles des Heros tirés des antipodes
avec sauf-conduit du bon sens
viennent dans des vers gonflés dé-
biter ces Poëmes. Objets bien di-
gnes d'exciter en nous cette com-
passion qu'ils ne peuvent produire.

D'abord sur un superbe ton
Un Amant enfile à sa belle
Une ennuyeuse Kirielle
Qui vaut pour le moins un Ser-
    mon.
A sa docilité profonde,
On augure qu'elle fera
Tout ce que le Heros voudra;
Tout cela va le mieux du monde.
Mais un Rival malencontreux
Vient troubler la paix de ces
    lieux.
Nous allons voir un beau tapage.
L'on prend l'allarme, l'on fait
    rage,
La fureur croit de plus en plus;
L'amour à son flux & reflux;
              On

On veut perdre, on veut faire
grace,
On ne peut plus rester en place.
Allons faites la moi venir ;
Car ma foi je n'y puis tenir.
La plainte succede au reproche.
Vous me haïssez donc ? Non je ne
vous hais pas.
Fuyez ; ah ! revenez, non ne re-
venez pas.
Pendant ces mouvemens le cinquié-
me acte approche.
Prenons enfin notre party
De peur d'avoir un démenty ;
Et quelque obstacle qui nous ge-
ne.
Il faut, quoiqu'il en coûte, ensan-
glanter la Scene.
Qu'on amene à force de bras
Un incident que l'on n'attendoit
pas,
Tant il paroît peu vrai-semblable.
Tremble ; Princesse miserable !
Helas ! C'est fait. Après sa mort
Je reconnois que j'avois tort.
Observons en sortant un peu de
bien-séance.

B

Harangons encore l'affiſtance,
Et pour punir mon cœur de ſes
     tranſports jaloux ,
Faiſons d'une pierre deux coups.

Aplaudiſſez, cette piece eſt mer-
veilleuſement bien imaginée ,en-
core mieux conduite ; au reſte
vous ſçaurez que je n'ai été que
quinze jours à la faire.

Voilà à peu près ma Bibliothé-
que ſoporative. Ajoûtez à cela
l'ennui de la journée. Un Mediateur
avec des femmes minaudieres, &
une converſation politique ſur les
affaires du tems. Tout cela forme
un Arſenàl complet d'Armes of-
fenſives & deffenſives contre l'in-
ſomnie la plus déterminée.

Je dormois donc à mon ordi-
naire, c'eſt-à-dire , très-profon-
dement ; quand tout à coup Apollon s'aparut à moi , non dans
cette Majeſté brillante qui l'envi-
ronnoit quand il conduiſoit la lu-
miere du monde.

Ce n'étoit plus cet Apollon ,
Dont le front couronné de
    gloire
Jadis dans le facré vallon
Charmoit les filles de memoire.
Trifte , pâle , défiguré ,
A peine pus-je reconnoître
Les traits du Dieu que je voyois
    paroître ,
A travers les lambeaux d'un habit
    dechiré.
Tu vois, dit-il, comme on me
    traite.
L'ignorance & l'orgueil m'ont plus
    caufé de maux ,
Que lorfque Jupin chez Ad-
    mete
Me réduifit à garder les trou-
    peaux.
Alors du moins , quoique dans
    la fouffrance,
Je réfiftois à mon malheur ;
La raifon charmoit ma douleur
Et ranimoit mon efperance.
Ils ne font plus ces jours cheris
Où fous les loix de l'harmonie,
B ij

Inséparablement unis ,
L'Esprit & le bon sens marchoient
                de compagnie.
    L'instant de leur division
    Me fit prévoir de mon empire
    La prochaine destruction ,
Qui si cruellement aujourd'hui me
                déchire.
    L'un d'un ton de voix frelaté,
    Dans des vers que je désavoüe,
    Sur l'Autel d'un faquin qu'il loüe
Immole sans pudeur la triste verité.
    L'autre dans une Ode à la glace,
    Excitant la compassion ,
    Me vient parodier Horace
    Sous le nom d'imitation.
    La malheureuse Melpomene
    N'a plus que la peau sur les os,
    Et l'on distingue encore à peine
    Le Comedien du Heros.

    Pour sa sœur Thalie , elle est
dans un état !. . . Et quel reme-
de voulez-vous que j'apporte à ces
maux ? Repondis-je au Dieu des
Rimeurs, que je voiois près d'entonner une Jeremiade, Je suis très

ſenſible à votre douleur, & je ſa-
crifierois tout pour vous l'épar-
gner; mais ce que, tout Dieu
que vous êtes, vous n'avez pû
faire, oſerois-je l'entreprendre,
foible mortel que je ſuis ? C'eſt cependant ce qu'il faut que tu tentes,
dit le Dieu, ne t'effraye point. Je
t'ay choiſi pour l'exécution d'un
deſſein que je médite depuis quelque tems. Regarde ſi tu veux me
ſervir.

En vérité, Seigneur Phebus,
Un pareil choix me rend confus.
Plus je me conſidere au dedans de
    moi-même,
   Moins je crois avoir merité,
Sur mon honneur, cette faveur
    extrême
   Dont par vous je ſuis honoré.
Commandez cependant. Pour vous
    vaille que vaille
  J'entreprend tout. Faut-il li-
    vrer bataille ?
Mais c'eſt en vers au moins que
    je l'entends.

Le sang abhorré du Parnasse
N'a jamais de ses combattans
Soüillé Javelot ni Cuirasse.
Hors de-là je suis tout à vous.
Votre vangeance est juste, il la faut
    entreprendre.
Parlez; la torche en main faut-il
    réduire en cendre
    Ces objets de votre couroux ?
    Comptez sur moi comme sur
      Alexandre,
Je ferai main basse sur tous.
Envain d'un ton plaintif ce rimeur
    à la glace
Me dira : pardonnez, je vous de-
    mande grace ;
    Epargnez mes tendres écrits.
Je ne les faisois pas pour exciter
    les ris ;
Ce vil plaisir n'est fait que pour la
    populace.
Mais les gens de bon goût & les
    honnêtes gens,
    A qui seuls j'eus dessein de plai-
    re,
    Ont des plaisirs bien plus tou-
chans.

Meconnus du simple vulgaire.
Demandez-leur les jolis traits
Dont je les régalois sans cesse,
Mes tours fins, mes heureux
    portraits,
Et sur tout encadrés avec délica-
    tesse,
Eh ! de grace, Monsieur, laissez-
    vous attendrir ;
Quittez le préjugé dont la voix me
    harcelle.. . .
Le préjugé ! morbleu, tu me la
    baille belle,
Insipide comique; au feu, sans dis-
    courir.
Et vous aussi, débiteur de sornettes;
Croyez-vous m'endormir au jargon
    doucereux
   Dont vous faisiez retentir les
    toilettes ?
    Lorsqu'avec un ton langou-
    reux
Vous recitiez deux ou trois con-
    tes bleux.
Rien ne vous peut sauver ; vous
    voyez les pincettes.

J'allois poursuivre mes execu-
tions , quand jettant la vûë sur
Apollon ; je m'aperçus qu'il rioit
de toute sa force. En verité, dit-il
malgré mon dépit je ne puis m'empêcher d'éclatter. Dis-moi , je te
prie , combien comptes-tu qu'il te
faudra de tems pour faire passer
par le feu tous les Auteurs qui mé-
ritent ce traitement ? en les pre-
nant ainsi un à un avec tes pincet-
tes , mille ans n'y pourroient suf-
fire. Je vois bien que tu ne conçois
pas l'étenduë des ravages qu'à cau-
sés la contagion ; suis-moi, je vais
présenter à tes yeux un tableau
dont tu seras effrayé.

Alors sans tarder davantage,
Je me sentis subitement
Porter plus vite que le vent,
Cette maniere de voyage,
A vous parler sincerement,
Etonnoit un peu mon courage.
Je repassois dans mes esprits
Mille contes facheux qui redou-
bloient ma crainte.

C'es

C'eſt peut-être Sathan qui vient
   par une feinte
  M'amuſer ; ouf , me voilà pris ,
  Je vais peupler le ſombre em-
    pire ;
  Je crois déja que j'aperçois
Cent Diablotins empreſſés à me
    cuire ,
  Je ſuis perdu pour cette fois.
  Monſieur Sathan , ne vous dé-
    plaiſe ,
  Ce tour n'eſt pas d'homme de
    bien ,
Et vous ne devez pas vous ſaiſir
   d'un Chrétien ,
Pour le jetter ainſi dans la fournaiſe,
  Sans ſçavoir s'il le voudra bien ,
  Et s'il peut dormir à ſon aiſe ,
  Quand on le brule comme un
    chien.
  Laiſſez-moi là , je vous con-
    jure ,
  Ce n'eſt pas encor la ſaiſon ,
  Et contre une telle capture
  Je proteſte de trahiſon. ;

Après beaucoup d'autres diſ-
C

cours fans-ordre , & fans fuite , je
m'aperçûs peu à peu que ma cour-
fe fe rallentiffoit. Je fonday , & je
fentis , non fans un tréffaillement
de joye , que mes pieds touchoient
la terre. J'ouvris les yeux que j'a-
vois tenus fermés jufque-là. Ciel !
Que vis-je ? Quel fpectacle ! je ne
fuis pas encore bien remis de ma
frayeur.

      Je vis.. .. Je vis ... ma foy,
      je ne m'en fouviens plus ,
Où fi je m'en fouviens , je ne m'en
      fouviens guere ,
Et vous n'en fçaurez pas plus que
      moi là-deffus.
J'ai dit ce que je fçay , le refte eft
      un miftere
      Et que vous importe au furplus
      Le détail fort peu néceffaire
      De tous les objets que j'ay vûs;
Et comment jufqu'à moi , fimple
      dépofitaire,
      Ces oracles font parvenus ?
      En dormant je les ay reçus,
Je vous les rends de la même ma-
      niere.

Apprenez, Lecteur curieux,
Qu'il est certains secrets dont la
cause nous passe.
Et que c'est avoir trop d'au-
dace
Que d'oser penetrer dans les secrets des Dieux.

P

P
Et
De
L'h
Dan

N
De
Qui
Le
Et
Mai

# PREDICTIONS

## POUR L'ANNÉE

## M. D C C. XLI.

### I.

PEndant le cours de cette Année
Frequente Eclipfe arrivera,
Et l'injuftice fortunée
De fon difque altier couvrira,
L'humble vertu, qui gémira
Dans l'ombre obfcure emprifonnée.

### II.

Maint Financier triomphera
De mainte Coquette rufée,
Qui très-cherement lui vendra
Le demeurant de maint trophée,
Et pour la forme défendra,
Mais d'une réfiftance aifée,

Une Citadelle ébrechée
Des assauts de maint Quinola.

## I I I.

Mainte Pucelette abusée
Pour son malheur écoutera
La Kirielle empoisonnée
De maint trompeur qui s'en rira
Et la pauvrette détrompée
Envain sous l'orme l'attendra.

## I V.

Mainte Didon trop affamée,
Des friandises d'Hymenée
Follement s'imaginera,
Par nôce trop précipitée,
Où Prêtre aucun n'assistera,
Fixer un trop volage Enée
Que l'Occean lui ravira.

## V.

Mainte Gorgone surannée
Vainement se recrépira,
Et de chiffons étayera

Une gorge presque fannée,
Et par laps de tems délabrée;
Sans Plutus qui secondera
Les appas qu'elle étalera,
Elle seroit mal étrennée.

## V I.

Le Parterre désertera
Mainte Piéce sophistiquée,
Dont la morale assommera.
Envain l'Auteur réclamera
Contre la licence effrennée,
Du Public qui le sifflera,
Et d'une Preface ornera
Sa Tragedie infortunée,
Où la régle il reformera,
Par laquelle il justifiera,
L'unité très-bien observée
A sa maniere, & réglera
Le lieu, l'action, la durée
Qu'à ses besoins il étendra:
De sa Piece rapetassée
L'impression décidera.

## VII.

Malgré la nombreuse assemblée
Qu'on se promet à l'Opera,
Pareil malheur arrivera,
A moins que la troupe avisée
Des Directeurs de celui-là
N'envoye chercher par de-là
Cette montagne si vantée
Qu'à grands frais Annibal passa
Quelque Danseuse bien gagée,
Qui par ses sauts rétablira
La Salle presque désertée,
Que jadis Lully dédia
A cette Deesse effrontée,
Qui sur l'Occean s'engendra
Par la chûte précipitée,
De ce que Saturne coupa
Au bon vieux Tems son cher papa,
Pour l'empêcher d'avoir lignée,
Qui quoique vieux, mauvais troc
   va,
Qu'on lui eut sa joye amputée.
Ce renfort à propos viendra,
Et l'Etrangere couronnée
Par triple & quadruple entrechat
            Montrant

Montrant sa jambe bien tournée,
Presque jusqu'à l'Ercera,
Heureusement réparera
La Poësie effeminée,
Qui par la langueur énervée
Nous eût morfondu sans cela.

## V I I I.

Une Muse à tête éventée
De Physique s'affublera,
Et tous ses Lauriers troquera
Contre une lunette engraissée,
Dont jadis Copernic usa,
Lorsque d'une étude insensée
Sa cervelle il alambiqua,
Et follement s'imagina
Trouver la marche bien comptée,
Des corps dont l'éternel forma
Cette machine illimitée;
Lors elle anatomisera,
Séparera, dissequera
Chaque parcelle appreciée
De cette matiere embrasée,
Dont toute couleur s'enfanta;
Mais Phebus vengeur punira

D

Cette ingratitude marquée,
Un prompt supplice la suivera,
Et notre Sçavante ampoullée
Dans ses couleurs embarbouillée,
Enfin se précipitera
Au fond de l'étude embrouillée
Du vuide qui l'engloutira.

## I X.

Gente Brochure enjolivée,
Où jargon tout neuf brillera,
Pour un tems les yeux surprendra,
Précieuse ressuscitée,
Que jadis Moliere enterra ;
Mais l'illusion dissipée,
Ce joli rien s'appreciera,
Et la nouvelle débarquée
Au village retournera.

## X.

Un ame aux tourmens con-
damnée,
Du Tartare s'échappera,
Ce qui grand malheur causera

A notre engeance infortunée ;
Sous manteau d'Abbé calfeutrée,
Publiquement elle tiendra
Une boutique diffamée
De scandale, & débitera
A prix d'or sa noire denrée :
Dans Bisetre un tems enchaînée,
La Police la retiendra ;
Mais elle ne s'amendra.
Envain sur sa peau fustigée,
Discipline bien assenée,
Qu'un bras nerveux gouvernera,
En cadence bien mesurée,
Avec vigueur s'exercera,
A la fin elle en sortira ;
A peine des fers échappée,
Son bienfaicteur déchirera,
Qui trop tard se repentira
D'avoir en son sein réchauffée
Cette Couleuvre envenimée,
Qui de son dard le piquera ;
Mais l'équitable renommée
A tous deux justice rendra.

## X I.

Un déserteur de Loyola
Comme un Perroquet jasera ;
Sa Muse partout écoutée ,
Et pour son malheur trop prônée ,
Essor téméraire prendra ,
Et le Cothurne chaussera ;
Mais sa jambe trop haut guindée ,
Sur la scene trebuchera ,
Et la pauvrete déhanchée ,
Sage à ses dépens se taira.

## X I I.

Le terrible Catalina ,
Qui si long-tems nous menaça
D'ennuyer un après dinée ,
Lorsqu'on le representera ,
Nous fait grace pour cette année,
Son pere adoptif en lira
Quelque bribe à voix emphasée;
Et cette bribe entretiendra
Notre attente cent fois trompée ;
Notre patience lassée

Nouvelles forces en prendra,
Et paisiblement attendra
Que le Dieu porte caducée,
Nous ramene de l'Elisée
Le Chartreux qui le commença.

### X I I I.

Une Muse mortifiée
Par quelque hauteur déplacée,
D'un tripot qui la chagrina,
Privera la scene éplorée
Des Piéces qu'elle enfantera ;
Mais le Public n'en souffrira ;
Et par l'honneur déterminée,
Impreſſion inopée
D'un trio nous régalera.

### X I V.

Muse de chardons couronnée
Sur ſa haridelle éclopée
A pas tardifs cheminera,
A tous venans gaſouillera,
Termes mignons, fraſe toiſée,
De ſucre doux aſſaiſonnée

Sur ſes levres voltigera ;
Partout chimerique fumée
Sur ſa route l'encenſera ;
Pan ſous ſes pas épanchera
Marjolaine à pleine braſſée ;
Qui ſur le champ ſe fannera.
Par ſon étalage leurée ,
Troupe nombreuſe la ſuivra ,
L'admirera , l'applaudira ,
La colloquant dans l'Empirée ;
Mais ce qui chacun ſurprendra ,
C'eſt que la carcaſſe haraſſée ,
Dans ſes lauriers embaraſſée ,
Après longs circuits ſurgira
Au bas du Pinde , & dormira.

## X V.

L'inexorable deſtinée
A l'Univers enlevera
Rouſſeau , que la mort alterée
Avec ſa faux moiſſonnera.
Le Parnaſſe en deüil gémira ,
Sa douleur ſera bien fondée ;
Car cette perte ne ſera
De long-tems d'ici réparée :

Autour de la tombe on verra
Des Muſes la troupe accablée,
Les yeux en pleurs, échevelée,
Entonner piteux *Libera*.
L'écho du Pinde y répondra,
Et la montagne conſternée,
De ſons plaintifs retentira.
  Phebus en chaire montera
Pour prononcer à l'aſſemblée
Une oraiſon bien digerée,
Que lui-même compoſera ;
Ce n'eſt pas peu, car cette année
Maint faux Auteur ſe parera
Du los d'antrui, Muſe affamée,
Par l'Uſurier perſecutée,
A très-vil prix décorera
De ſa dépouille mal payée,
Midas qui ſe rengorgera,
Et méchamment réeelera
Sous cette calotte empruntée
L'oreille par trop allongée
Dont nature le partagea ;
Mais de ce menſonge indignée,
La terre le révelera ;
Lors ſon triomphe finira,
Le myſtere honteux percera.

Adieu gloire peu méritée,
Et sordidement achetée,
Que le besoin seul extorqua,
Rentrés dans la poudre ente-
    rée ;
Et vous que l'erreur outragea,
Verité trop long-tems cachée,
Montrez cette tête ombragée
Du membre vil ; par ce trait-là
Vous serez pleinement vengée.

## XVI.

Grande affaire se traitera,
Ma foi , je l'avois oubliée ;
Mais je m'y remets , la voilà.
A ma paupiere défillée.
Le Livre de la Destinée
S'ouvre tout à coup , & déjà,
Sur un char où l'or brillera,
Je vois une Nymphe entourée
D'une multitude empreffée ,
D'un pas grave vers l'Opera
Guider sa marche compaffée.
Dieux ! quelle joye inefperée
Au Palais Royal furprendra !

Amateurs

Amateurs de l'art de Campra,
Dont l'ame à la douleur li-
  vrée;
Pendant un luftre déplora
Le caprice qui vous priva
De cette Chanteufe enrumée;
Qui brufquement fe retira;
Revenez troupe difperfée,
Un Dieu puiffant vous la ren-
  dra:
Le Maure par vous regrettée,
Sur les fapins remontera
Par l'appas du gain racrochée.
Mufe, par moi tant invoquée,
Dis-moi quel reffort produira
Cette Paix long-tems fouhaitée,
Par quelle route entortillée
Ce grand-œuvre s'achèvera;
Quelle tête experimentée
Ce fameux Traité conclura;
Jamais à Nimegue affemblée
L'Europe reconciliée,
Tant d'entremetteurs n'occupa.
Des deux parts on députera
Avec puiffance illimitée,
Agens d'une troupe affinée.

E

Dont le moindre pourvû sera
De politique consommée,
Plus que Jules n'en rumina,
Quand jadis vers le Pirenée
Pour la Paix il s'achemina.
Tout le monde raisonnera
Sur cette importante équipée,
Du résultat inquiétée,
La Ville en silence attendra.
Les Ministres qu'on choisira,
L'assemblée un tems partagée
A la fin se réunira,
Et la préséance jugée
Droit au reste nous conduira.
Là chaque partie acharnée,
Ses demandes exposera,
S'avancera, reculera,
Selon que l'adverse obstinée,
Plus ou moins fort la pressera,
Le terrain se disputera
Avec vigueur démesurée,
Et puis l'affaire terminée,
Le vin du marché se boira,
De part & d'autre on signera;
Grace au Ciel, elle est affichée;
A Dimanche elle paroîtra.

Le Vieux *** l'ame enchantée,
Dans l'accès qui le saisira,
Au mur sa lorgnette appendra.

## X V I I.

Certain endroit raisonnera
Des grands riens que débitera
Certaine cohüe attroupée ;
Qui réglément s'assemblera
Au tour de l'épaisse fumée
Du pôele qu'elle entourera :
Là gravement desocupée,
Là sequelle disputera,
Discuttera, décidera ;
Riche en mots, pauvre de pen-
     sée ;
Le babil y présidera,
Et fierement exercera
Jurisdiction bigarée,
Où tout talent ressortira.
Chant, Vers, Comedie, Opera ,
Histoire profane, & sacrée,
Danse, Morale, & *cetera.*
Dans le moment arrivera
Une figure enluminée,

E ij

Qui dès la porte s'écriera
N'avez-vous pas appris déja
Nouvelle de Perſe arrivée,
Et tout fraîchement débarquée ?
Il eſt vrai qu'on me l'a manda
Au commencement de l'année,
Dans le moment repartira,
Avec ſa voix effeminée,
Un Abbé de taille évidée,
Et qui pendant ce tems mordra
Une lévre décolorée
Que vainement il pelera ;
Si je ne l'ay pas divulguée
C'eſt que j'attendois pour cela
Qu'elle me fût mieux aſſurée,
Enfin la bataille eſt gagnée ...
Je gage contre qui voudra,
Mes honoraires d'une année,
Reprend d'une voix enrouée,
Un Ancien Commis du *Viſa*,
Dont la veſte encor galonnée,
Dit, H I C UBI FUIT TROJA.
Quiconque au reſte n'entendra
Ces deux mots d'une langue uſée,
Aux traducteurs recours aura,
Qui la lui rendront expliquée ;

Ce qui très-facile fera :
Car la race de ces gens là,
Est terriblement provignée.
A chaque encognure avancée,
Helas ! On ne voit que cela,
Traduction bien commentée,
Et de Notes antidotée,
Que fous la tuile compofa
Monfieur de la triple Stella :
L'édition eft achevée.
On a traduit, l'on traduira
A tant, fauf ce qu'on rabattera
Pour droit de plume preferée,
La page fans alinéa,
Et tant pour celle qui fera,
Par efpaces entrecoupée :
Que maudit foit qui t'enfanta,
Fleau de la Gent endoctrinée,
Mifere en furie acharnée,
Que l'ignorance déchaina
Contre la fcience ifolée.
Quoi donc, un fous-Traittant
    pourra
Dormir la grace matinée,
Avoir table bien ordonnée,

Où l'Abondance regnera,
Avoir Maîtresse bien dotée,
Que main bijoux décorera,
Cette masse à peine animée
Dans le velours empacquetée
mollement se promenera
Dans une Berline dorée,
Qu'un gros Cocher dirigera,
Tandis qu'un sçavant pourrira,
L'oreille par les rats rongée :
Un homme dont l'ame éclairée
Avec les Anciens conversa ;
Qui sçait en Grec comme est
        nommée
L'herbe dont Néron composa
Le breuvage qui dépêcha
Britannicus vers l'Elisée ;
Qui sçait le nom de la Contrée
Où Neptune Ilion fonda,
Qui sur une carte engraissée
Très-surement vous guidera,
Qui d'un ton doctoral dira :
» C'est ici qu'Athenes est placée;
» Voilà Thebe, Sparte étoit-là,
Voulez-vous çavoir la nichée
Des Dieux que l'Olympe enferma?

Sa mémoire en est farinée.
Cet homme le *nec plus ultra*
D'érudion consommée ,
Traîne une vie infortunée.
O siecle injuste ! Et l'on dira
Qu'opulence est bien partagée ,
Et que l'équité la régla ,
Foin ma cervelle alambiquée
Dans la parenthese embarquée ,
A tout hazard se tirera
Bien ou mal, comme elle pourra ,
De la disgression forcée ,
Dans laquelle elle est embourbée.
Revenons à nos moutons : ah !
Si ma mémoire n'est trompée ,
Du Gaffé nous guidions l'armée,
qui pour la Perse combattra ;
Mais fuyons vîte ce lieu-là ;
Car j'apperçois une nuée
Qui pour sûr ici s'abbattra :
Ici dans peu l'on entendra ,
Orateur à mine allongée ,
Qui de sa poitrine ferrée ,
D'un ton rauque déchirera
Notre oreille martyrisée ,
Mieux qu'une affiche il vous dira :

Quel jour la Dumenil jouera :
Si la . . . . . est accouchée,
Et si le tripot recevra
La Piece humblement presentée,
Par Auteur que la faim poindra :
» Dufrêne hier se surpassa,
» Mon ame est encore enchantée
» De deux endroits qu'il déclama :
» Quel feu ! puis il vous rabattra
Sur Acteurs de moindres volée,
Jusqu'au Moucheur qu'il connoitra,
Restez, il vous assommera
De toute nouvelle traînée :
Dans les foyers : Non loin de-là,
Autre chef on agitera :
Voyez-vous la mine assurée
Avec laquelle on soutiendra
Qu'il n'y . . . . . . Mais dans ma
main glacée,
Je sens que ma plume effrayée
S'arrête tout court : Alte-là.


## XVIII.


Un enfant qu'Appollon gâta
Par carresse prémeturée,

Dans

Dans la France à la fin rangée,
Avec Henri triomphera
De l'ambition terrassée,
Des Ligueurs qu'il dissipera.
Enorgueilli de ce trophée,
Tous genres il embrassera.
Dans ses mains métamorphosée,
La tragedie à peine née,
Que le grand Corneille tira
Des murs d'Athenes ruinée,
Sur des échasses montera,
Et Melpomene boursoufflée,
Par le vent qui la gonflera,
Viendra, la face débiffée,
Etourdir la scene effrayée
Des grands mort qu'elle hurlera.
Puis dégouté de l'Epopée,
Subitement il donnera
Histoire en Roman ajustée :
Nous le verrons à Pultovva
Suivre d'une ardeur empressée
La valeur inconsiderée
D'un Roi, sous qui le Nord trem-
bla.
Le feu dont il petillera,
Nulle part ne le laissera

Fixer sa marche inquietée :
Long-tems de Contrée en Contrée
Sa figure il promenera.
Modestement empaquetée
D'une Rodingote empruntée,
Sous laquelle il se donnera
Pour un Milord de par de-là ;
Car malgré l'envie acharnée
Qui le poursuit, on conviendra
Que sa modestie averée
Ne sçauroit être contestée.
De Londres il nous écrira
Mainte Epitre à fonds raisonnée,
Où le sophisme abondera.
Sur le sable il édifiera
Une Pagode enjolivée,
Qu'au Dieu du goût il dédiera ;
Mais l'Edifice craquera,
A grand peine il réchappera,
Sa Muse presque fracassée
Sous la voute mal assurée,
Qui tout à coup s'abîmera.
Enfin jusques dans l'Empirée
La Physique le guindera ;
C'est-là que son ame éclairée
La nature dévoilera,

Et par l'optique illuminée
Dans le vuide voyagera.
Tout à coup changeant de visée,
Nouvelle route enfilera,
Las de la matiere Etherée,
Au fond de la Pruſſe il ira
Porter le frele reliqua
De ſa cervelle deſſechée :
Nevvton ne l'avoit qu'ébauchée,
Machiavel l'achevera.

**F I N.**

---

## E R R A T A,

Si ma plume precipitée,
Par quelque rime repetée,
Retourne par fois ſur ſes pas,
Cher Lecteur, tu m'excuſeras :
Dans ce Temple fameux, ſi fertile
    en miracles,
Où jadis Apollon débitoit ſes Ora-
    cles,
A la face de l'Univers,
On rimoit ſouvent de travers.

# CLEF.

## SONGE.



## PREDICTIONS.

Bois - Morand. Midas , *tout le monde le sçait.*

XVI. Mademoiselle Lemaure.

XVII. Caffé de Procope. On n'a fait qu'ébaucher une partie des sujets ; on vous donnera le reste à la seconde édition.

XVIII. Voltaire & ses Oeuvres.

En verité , mon cher Lecteur ,
Je voudrois bien pouvoir en nom-
    mer davantage ;
Mais certain mouvement s'em-
    pare de mon cœur ,
    Et je n'en ai pas le courage.

www.ingramcontent.com/pod-product-compliance
Ingram Content Group UK Ltd.
Pitfield, Milton Keynes, MK11 3LW, UK
UKHW021639090726
13657UKWH00004B/1652

# GOUVERNEMENT GÉNÉRAL DE L'ALGÉRIE

# PROJET DE LOI

RELATIF A

## L'IMMATRICULATION DE LA PROPRIÉTÉ FONCIÈRE

## EN ALGÉRIE

EXPOSÉ DES MOTIFS

TEXTE DU PROJET DE LOI

ALGER

VICTOR HEINTZ, IMPRIMEUR DU GOUVERNEMENT GÉNÉRAL
*Rue d'Isly, 57 et Place Bugeaud*

**1907**